BEI GRIN MACHT SICH IHR WISSEN BEZAHLT

AF167260

- Wir veröffentlichen Ihre Hausarbeit,
  Bachelor- und Masterarbeit

- Ihr eigenes eBook und Buch -
  weltweit in allen wichtigen Shops

- Verdienen Sie an jedem Verkauf

Jetzt bei www.GRIN.com hochladen und kostenlos publizieren

Kinder- und Jugendhilfe im Kontext von Hilfe und Kontrolle. Ein Praxisbericht

GRIN

Bibliografische Information der Deutschen Nationalbibliothek:

Die Deutsche Nationalbibliothek verzeichnet diese Publikation in der Deutschen Nationalbibliografie; detaillierte bibliografische Daten sind im Internet über http://dnb.d-nb.de abrufbar.

ISBN: 9783346527127
Dieses Buch ist auch als E-Book erhältlich.

Druck und Bindung: Books on Demand GmbH, Norderstedt Germany
Gedruckt auf säurefreiem Papier aus verantwortungsvollen Quellen

Das vorliegende Werk wurde sorgfältig erarbeitet. Dennoch übernehmen Autoren und Verlag für die Richtigkeit von Angaben, Hinweisen, Links und Ratschlägen sowie eventuelle Druckfehler keine Haftung.

Das Buch bei GRIN: https://www.grin.com/document/1147448

Praxisbericht, Wintersemester 2020/ 2021

1. Einleitung im Rahmen der Vorstellung der allgemeinen Trägerstruktur:

Mein praktisches Studiensemester im Wintersemester 2020/ 2021 habe ich in einer Institution unter dem Träger der ████████████████████ absolviert. Dieses belief sich dabei auf einen Rahmen von 750 Stunden, die im Zeitraum vom ██ ███████ 2020 bis zum███████ 2021 abgehalten wurden.

Die ██████████████ agiert als kirchliche Stiftung des öffentlichen Rechts und trägt den Status als gemeinnützige Trägerschaft, unter dem Verbund der ██████.

Bei der Einrichtung meines Praktikums handelte es sich konkret um eine Stelle des ████████████████████████, in Form einer Tagesgruppe im Zentrum von ██████ Da es sich dabei um den Tätigkeitsbereich der Kinder- und Jugendhilfe des öffentlichen Rechts handelt und die Maßnahme dem Jugendamt unterstellt ist, wird im Allgemeinen nach den Rechtsgrundlagen des SGB VIII, konkreter des KJHG (Kinder- und Jugendhilfe Gesetz) gehandelt.

Neben Einrichtungen der Kinder- und Jugendhilfe, sowie Familienhilfe in Form von weiteren Tagesgruppen, (teil-)stationären Wohngruppen und Mutter-/ Vater-Kind-Heimen, bietet die Heimstiftung jedoch auch Institutionen mit Hauptaugenmerk auf die Arbeits- und Integrationshilfe für Menschen mit Beeinträchtigungen, der Sucht-krankenhilfe- und Beratung und der Rehabilitation[1].

Durch diese Vielfalt an Schwerpunkten ist die Evangelische-Heimstiftung an 23 Standorten in Rheinland-Pfalz vertreten und bietet somit Platz für circa 1100 Mitarbeiter*innen.

1.1 Näherer Bezug zur Tagesgruppe und deren Klientel:

Die Tagesgruppe██████, in der ich mein Praktikum durchgeführt habe, ist eine der zwei Tagesgruppen im Raum██████. Dabei handelt es sich bei der Gruppe um ein dreistöckiges Wohnhaus, bestehend aus einem Gruppen- und Essraum, zwei Lernräumen, zwei Bädern, einer Küche und einem Büro, sowie einem zusätzlichen kleinen Garten.

Zum Zeitpunkt meines Praktikums beschäftigte die Tagesgruppe zwei beständige pädagogische Fachkräfte, zu der auch mein Anleiter zählt, eine wechselnde Fachkraft zur Einarbeitung, mich als wechselnde*r Praktikant*in, zwei Mitarbeitende im Fahrdienst, sowie eine Raumpflegerin. Zusätzlich herrscht eine enge Zusammenarbeit mit den Fachkräften des psychologischen Dienstes der Einrichtung, die unter anderem die

---

[1] Zur besseren Übersicht der verschiedenen Einrichtungen, sowie Standorte, finden Sie im Anhang ein Organigramm der Trägerstruktur.

(ergänzenden) Testungen der Kinder durchführen, bei Neuaufnahmen zu Rate gezogen werden und bei besonderem Bedarf Gespräche für die Kinder und Jugendlichen anbieten.

Zu den primären Adressaten der Tagesgruppe zählen aktuell neun „dreiviertel"[2] Kinder, im Alter von sieben bis zwölf Jahren[3], weshalb der Betreuungsschlüssel bei 1 zu 3 ½ liegt. Zu den sekundären Adressaten zählen die Eltern und andere nahe Bezugspersonen in der Familie, da diese ständig mit in die Maßnahme einbezogen werden müssen.

Grund für die Anordnung der Maßnahme ist der, dass die Kinder und Eltern vom Jugendamt als sogenannte Multi-Problemfamilien eingestuft werden, die sich in der Regel durch als ein brüchiges, beziehungsweise instabiles Familiensystem darstellen, in denen es meistens keine klaren Strukturen und Absprachen gibt. Zudem leiden die Kinder, in 80% der Fälle, aber auch zusätzlich die Eltern, unter seelischen oder psychischen Beeinträchtigungen, weshalb auch die sozial-emotionalen Fähigkeiten nur geringfügig ausgeprägt sind. Neben diesen Beeinträchtigungen im Allgemeinen sozial-emotionalen Bereich und der sozial-emotionalen Deprivation des Elternhauses, weisen 60% der Kinder eine ADS- oder auch ADHS-Diagnose auf, aber auch depressive Verstimmungen, ausgeprägte Verhaltensstörungen, sowie eine Autismus-Spektrum Störung sind gegeben. Aus diesem Grund sind 80% der Kinder medikamentös eingestellt und somit auch in eine psychologische oder therapeutische Maßnahme außerhalb der Einrichtung eingebunden. Weiterhin leiden 40% der Kinder unter einer Leserechtschreibschwäche oder auch einer Matheschwäche, welche ebenfalls einen erhöhten Förderbedarf darstellen.

Vorbelastungen der Eltern sind in unserer Einrichtung aktuell rein depressiv, mit Neigungen zu Angststörungen, weshalb die ständige Antriebslosigkeit im Alltag die Erziehungsfähigkeit deutlich einschränkt.

Die Aufgabenbereiche in der Tagesgruppe sind daher also nicht nur betreuend für die Kinder, sondern auch beratend und (weiter-) vermittelnd, wobei die gelingende Elternarbeit aber auch die Kooperation mit den zuständigen Jugendämtern und den betreffenden Schulen einen hohen Stellenwert trägt.

---

[2] Die Bezeichnung eines ¾ Kindes stammt daher, dass neun der Kinder die Tagesgruppe von montags bis freitags besuchen, ein weiteres Kind, also eigentlich das zehnte Kind, jedoch nur von montags bis donnerstags vom Jugendamt für die Tagesgruppe angemeldet ist. Aus diesem Grund zählt dieser Platz rechtlich gesehen und was die Versicherung betrifft nur als ¾ Platz, da die Einrichtung nicht für die komplette Woche Gelder erhalten darf.
[3] Altersobergrenze der Tagesgruppe liegt bei 15 Jahren. Die Aufenthaltsdauer bis zur Entlassung variiert dabei je nach Kind und kann dabei bei Bedarf auch bis zu neun Jahren gehen.

2. Einführung in den problematisierenden Teil:

Im eigentlichen Teil meines Praktikumsberichts, möchte ich mich konkreter mit der folgenden Fragestellung befassen, die dann auf eine Problemstellung bezogen wird:

„In welchem Verhältnis stehen Hilfe und Kontrolle in der Kinder- und Jugendhilfe zueinander und sind diese in der Praxis überhaupt trennbar?"

Diese Fragestellung wird dann auf ein bestimmtes Verfahren konkretisiert, indem Bezug zu positiv-, sowie negativ wirkenden Erziehungsmaßnahmen im Rahmen von Verstärkerplänen, beziehungsweise Punktesystemen genommen wird.

Gewählt habe ich diese Fragestellung aus zwei bestimmten Gründen: Zum einen hatte ich bereits vor dem Studium Berührungspunkte zu der Thematik der Verstärkersysteme und deren widersprüchliche Funktionsweise in Theorie und Praxis, die zuvor schon mein Interesse geweckt hatten. Zum anderen war dies durch die tägliche praktische Anwendung in der Tagesgruppe ein Thema, das mir während des Praxissemesters immer wieder begegnet ist und mich beschäftigt hat.

Zudem sind Hilfe und Kontrolle generell ein beständiges Thema in der Sozialen Arbeit und besonders in Bereichen der Kinder- und Jugendhilfe, dennoch ist mir erst in meinem Praxissemester bewusst geworden, wie unmittelbar diese in bestimmten Maßnahmen miteinander verknüpft sind.

Neben meinen eigenen Erfahrungen und Empfindungen werde ich mich dafür überwiegend auf theoretische Ansätze und Literaturnachweise von Peter Cloos und Annette Richter beziehen, die sich allgemein mit der Thematik der Kindertagesbetreuung beschäftigen, sowie auf Heinz-Jürgen Dahme und Norbert Wohlfahrt, sowie Annika Gaßmöller, die sich speziell mit Verstärkersystemen und deren widersprüchlichen Auswirkungen auf die Persönlichkeitsentwicklung in der Kinder- und Jugendhilfe beschäftigen.

2.1 Allgemeine Begriffserklärung sozialer Hilfe und Kontrolle, sowie deren Motiv:

Bereiche der Sozialen Arbeit, die staatlich organisiert werden, also durch den Staat gewährt und als Dienstleistungsbereiche geplant werden, bezeichnet man in der Regel als Maßnahmen der „Hilfe zur Selbsthilfe." Zielsetzung dieser Maßnahmen ist es, ihren Adressaten dabei zu helfen, dass diese ihre *individuelle Reproduktion"* wieder eigenmächtig organisieren und durchführen können, um dann wieder den gesellschaftlichen Anforderungen und Normen zu entsprechen (vgl. Dahme/ Wohlfahrt, 2018, S. 219). Dies macht die Soziale Arbeit also zusammengefasst zu einer Profession, die sich selbst überflüssig machen soll, da die Notwendigkeit von weiteren Hilfeinterventionen durch die nun beständige Autonomie der Adressaten aufgelöst werden soll und dadurch auch andere Bereiche positiv beeinflusst werden können, indem deviantes Verhalten innergesellschaftlich reduziert wird.

Hilfe kann unter diesem Hintergrund zwar weiterhin als ein ethisch basiertes Handeln aus Nächstenliebe definiert werden, hat jedoch zunehmend den Nebencharakter der bedingt auch den des emphatischen Handelns überschattet, dass er tatsächlich nur als Art Dienstleistung zum Wohle des Sozialstaates angesehen wird und nicht dem eigentlichen Adressaten dienen soll, sondern vielmehr dem gesellschaftlichen Wertesystem und dem Wirtschaftswachstum (vgl. Scherr, 2006, S. 189).

Zudem ist nicht jeder sozialstaatliche Auftrag mit scheinbarem Hilfemotiv als eben diese umsetzbar, so besitzen viele dieser Maßnahmen kontrollierende und bewachende Aspekte, um die Hilfe auch in der Praxis umzusetzen. Diese Aspekte ergeben sich daraus, dass eine sogenannte *„technologisch induzierte Personenänderung"* der Adressaten vorgenommen werden soll, die nur so umsetzbar erscheint (zit. Olk, 1986, zit. nach Dahme/ Wohlfahrt, 2018, S. 220).

Diese Personenänderung zählt als Eingriff der Kontrolle, da die Soziale Arbeit sich in diesem Fall mittels ihres Auftrags dauerhaft oder zumindest vorübergehend in die familiären Lebensverhältnisse ihrer Adressaten einmischt, wenn diese als unter-stützungs- oder hilfebedürftig eingestuft werden. Ziel dieser Maßnahme ist es, als deviant eingestuftes Verhalten der Adressaten einzuschränken oder auch vollständig und vor allem langfristig zu unterbinden.

Wer dabei entscheidet, wer letztlich einen Hilfebedarf hat, kann situationsbedingt variieren. In bestimmten Fällen kann es vorkommen, dass in unserem Fall die Familie, beziehungsweise die Eltern/ ein Elternteil ihre prekären Lebensverhältnisse erkennen und Hilfe beanspruchen möchten. Diese selbstständige Einschätzung ist jedoch keine Voraussetzung des Eingriffs, so trifft man auch hier wieder auf staatliche Kontrolle, in denen Außenstehende den ersten Impuls ans Jugendamt auslösen, obwohl die eigentlichen Adressaton sich nicht als hilfebedürftig einstufen. Gründe dafür können sein, dass sie lediglich keinen Handlungs- oder Änderungsbedarf ihrer Situation oder ihrer Persönlichkeit sehen oder dies aufgrund seiner seelischen/ psychischen Störung nicht sehen kann, beziehungsweise sich nicht eingestehen will.

In diesem Fall wird einen sogenannte *„stellvertretende Deutung"* der Lebensverhältnisse des Adressaten vorgenommen und wenn es als nötig angesehen wird, auch über dessen Wünsche hinweg entschieden (zit. Dewe, 1986, vgl. nach Dahme/ Wohlfahrt, 2018, S. 220f.). Um also Hilfe anzuwenden, wird hier bei Bedarf noch einmal konkret die Kontrolle über das Leben des Adressaten übernommen[4].

Folgend soll dieser Kontrollaspekt in Hilfemaßnahmen und noch einmal gezielt auf die Maßnahmen der Jugendhilfe und besonders der Tagesgruppe erläutert werden.

---

[4] Was jedoch vom Adressaten selbst als Hilfe und was als Kontrolle empfunden wird, ist subjektiv und nicht standardisierbar zu bestimmen.

2.2 Zielsetzung von Hilfe und Kontrolle in der allgemeinen Jugendhilfe:

Die Kinder- und Jugendhilfe ist keine Ausnahme dieser Zielsetzungen, die ursprünglich ein Hilfemotiv besitzen, in denen jedoch unmittelbar Kontrolle miteinfließt.

Der primäre Auftrag der Sozialen Arbeit in unserem Kontext spricht nicht die Kinder und Jugendlichen selbst an, sondern viel eher deren Erziehungsberechtigten. So wird das erste Ziel der Maßnahmen in § 27 KJHG festgelegt und regelt das sogenannte „Elternrecht." Dieses gewährt den Eltern das Recht darauf, bei Bedarf und zur Förderung einer dem Kindeswohl dienlichen Erziehung „Hilfe zur Erziehung" in Anspruch zu nehmen. Dadurch soll die Erziehungsfähigkeit der Eltern oder eines Elternteils gefördert oder auch wiederhergestellt werden, wenn diese gefährdet ist, wodurch wiederrum die Elternverantwortung gestärkt werden soll.

Auch hier soll also nicht einfach für die Eltern entschieden und gehandelt werden, sondern vielmehr im Sinne der Hilfe zur Selbsthilfe die nötige Unterstützung angeboten werden, um den Erziehungsberechtigten Wege aufzuzeigen, wie sie zukünftig ihre familiären Probleme und die gesellschaftlichen Anforderungen an sie bewältigen können.

Dieses Ziel aus §27 KJHG ist dabei jedoch nicht willkürlich gewählt, sondern basiert auf gemeinsam mit den Paragraphen des SGB VIII, sowie des Artikel 6 des Grundgesetzes auf dem Grundgedanken, die Familie zu einem gewissen Punkt vor staatlichen Interventionen zu schützen. Dabei handelt das Elternrecht nach der Devise, dass die Erziehungsberechtigten in der Regel am besten ihre Lebensverhältnisse einschätzen können und sich daher mit ihren Handlungen am Kindeswohl orientieren, weshalb ihnen die Hauptverantwortung für die Erziehung zugeschrieben wird (vgl. Dahme/ Wohlfahrt, 2018, S. 222). Dennoch ist dies kein absolutes Recht, es ist also nicht einfach unantastbar durch den Staat. Somit bringt es neben seiner eigentlichen Hilfefunktion für die Familie automatisch eine staatliche Wächterfunktion und wird somit zur Kontrollinstanz. Liegt also eine vermeintlich unzureichende Erziehung durch die Eltern vor, hat der Staat das Recht die Erziehungsfunktion vorübergehend einzuschränken oder als letzte Instanz auch vollständig zurückzunehmen, wenn es auch deren Sicht dem Kindeswohl, sowie dessen Entwicklung förderlich ist (vgl. Dahme/ Wohlfahrt, 2018, S. 219ff.).

Der primäre Auftrag dient also dazu, bei Bedarf zu versuchen das fehlerhafte Verhalten der Eltern zu korrigieren und an das gesellschaftliche Wertesystem anzupassen.

Der sekundäre Auftrag widmet sich dagegen den Kindern und Jugendlichen persönlich und wird in § 1 SGB VIII ebenfalls rechtlich festgehalten. Ihnen wird darin ein Recht darauf zugesprochen, dass ihnen eine dem Kindeswohl dienliche Förderung und

Erziehung zuteil kommt, um dessen Persönlichkeitsentwicklung möglichst positiv wirkend voranzutreiben, beziehungsweise zu unterstützen. Zudem wird ihm eine Prävention vor allen möglicherweise schädlichen Außenfaktoren zugesichert, ob diese nun das Familiensystem betreffen oder andere Umstände.

Diese Prävention erfolgt dabei entweder durch Beratungsangebote, durch gezielte Eingriffe und Veränderungsmaßnahmen in der Familie oder auch durch die Einbindung in eine institutionelle Maßnahme, wie beispielsweise in eine Tagesgruppe.

2.3 Zielsetzung von Tagesgruppen:

Einrichtungen im Rahmen der Kindertagesbetreuung, in meinem Fall in Form einer Tagesgruppe, stellen Institutionen mit sogenanntem „multifunktionalem Charakter" dar (zit. Clos/ Richter, 2018, S. 815). Dadurch sollen ursprüngliche Benachteiligungen bestimmter Kinder kompensiert werden, indem erziehungs- oder auch herkunftsbedingte Defizite der verschiedenen Kompetenzbereiche ausgeglichen werden sollen, die Entwicklung der eigenen Persönlichkeit vorangetrieben werden soll und eine möglichst qualitative Bildungsförderung[5] ermöglicht werden soll. Diese Kompensation soll bewirken, dass eine gesellschaftliche Integration (erneut) angestrebt werden kann und die Kinder in jeglichen Bereichen an Autonomie gewinnt (vgl. Clos/ Richter, 2018, S. 815). Sie stellt zudem wie bereits kurz erwähnt eine präventive Maßnahme dar, um konfliktreichen Verhältnissen innerhalb der Familie entgegenzuwirken und in besonderen Fällen, wenn trotz Prävention Spannungsverhältnisse auftreten, in diesen zu intervenieren.

Um die gelingende Elternarbeit jedoch zu sichern, ist hier eine Balance zwischen Hilfe und Kontrolle zu finden, da präventive Maßnahmen leicht als kontrollierend, anstatt helfend angesehen werden können und dies die Zusammenarbeit mit meinen Adressaten belasten kann.

Auch wenn die Eltern sich nicht freiwillig dafür entschieden haben ihr Kind in einer Tagesgruppe unterzubringen, ist es dennoch entscheidend, dass diese möglichst kooperieren. Die Meinung der Eltern spielt beispielsweise oft eine Rolle, da sie auch die Meinung der Kinder beeinflussen kann – Hat ein Elternteil also ein Problem mit der Maßnahme und kommuniziert dies dem Kind auf eine Art, kann dies auch darüber entscheiden, ob dieses gerne oder ungerne die Tagesgruppe besucht und dazu bereit ist, sich auf die dort gewünschten Ziele einzulassen.

---

[5] Hierbei werden Tagesgruppen oftmals auf diesen Bildungsauftrag reduziert und dementsprechend werden zu hohe Erwartungen an die Institution und ihre Mitarbeitenden gestellt. Dieser Förderbedarf ist aber eben nur ein Nebencharakter und schulische Defizite der Kinder sind nicht in allen Fällen ein ausreichender Grund für die Aufnahme in einer Tagesgruppe.

3. Beschreibung eines konkreten Verfahrens, die den Widerspruch aufzeigt:

Folgender Teil soll sich mit einer konkreten Verfahrensweise der Tagesgruppe, in der ich mein Praxissemester absolviert habe, beschäftigen, in der mir der Widerspruch der Verbundenheit zwischen Hilfe und Kontrolle deutlich bewusstwurden. Hierfür soll die Anwendung von Verstärkerplänen näher thematisiert werden, weshalb im nächsten Teil die tägliche Struktur erklärt werden soll, um einen Kontext für die Durchführung des Punktesystems zu erhalten, da dieses sich auf die folgenden Aktivitäten bezieht.

3.1 Ablauf der wöchentlichen, beziehungsweise täglichen Struktur:

Unsere tägliche Struktur in der Tagesgruppe sieht wie folgt aus[6]:

Die Erst- und Zweitklässler kommen ab circa 12:15 Uhr zu uns in die Einrichtung und beginnen direkt mit der schulischen Förderung, um bereits für die Hausaufgabenzeit vorzuarbeiten. Sobald die restlichen Kinder nach und nach eingetroffen sind, gibt es ein gemeinsames Mittagessen, gefolgt vom Küchendienst mit mindestens einem der Kinder. Nach diesem beginnt die einstündige eigentliche Hausaufgaben- und Lernzeit, in der die Kinder ihre Bewertungen aus der Schule[7], sowie gegebenenfalls Tests vorzeigen müssen. Anschließend gibt es für jeden Wochentag ein wechselndes Zusatzprogramm, in der folgenden Reihenfolge: 1. Kinderplenum, 2. Soziale Interaktionsspiele, 3. Bastelaktion, 4. Traumreise, beziehungsweise Progressive Muskelentspannung, 5. Ausflug/ Bewegungskreis. Danach haben die Kinder noch ungefähr eine Stunde lang Zeit, um sich frei im Haus zu bewegen und verschiedene Spielmöglichkeiten zu wählen, bevor es zur abendlichen Abschlussrunde im Rahmen eines Imbisses und der Bewertungsrunde kommt, die nun näher erklärt werden soll.

3.2 Erklärung der Bewertungsrunde:

Während der Bewertungsrunde wird theoretisch[8] nach und nach jedes Kind dazu befragt, ob es heute einen guten Tag hatte oder nicht, um diesen dann kurz gemeinsam zu reflektieren. Je nachdem wie es lief, kann jedes Kind in bestimmten Kategorien Verhaltenspunkte in einer dafür vorgesehenen Liste sammeln. Mögliche Punkte gibt es dabei in den Kategorien: 1. Schulische Leistung/ Hausaugaben – dabei wird bewertet, ob die Bewertung der Schule gut war, ob während der Hausaufgabenzeit möglichst selbstständig gearbeitet wurde, ob die Mitarbeit verweigert wurde oder etwas anderes vorgefallen ist, was die Arbeit (auch die der anderen Kinder) erschwert hat. War die

---

[6] Hier handelt es sich um die Struktur vor dem Lockdown und den daraus resultierenden Schulschließungen im Winter. Während des Lockdown begann die Tagesgruppe um 10 Uhr und endete um 16 Uhr, wodurch die Struktur immer wieder angepasst und umstrukturiert wurde.
[7] Die Grundschüler besitzen ein gesondertes Kontaktheft oder eine spezielle Spalte im Hausaufgabenheft, in der die Lehrenden täglich das Verhalten des Kindes und besondere Vorkommnisse aufschreiben sollen.
[8] Weshalb dies nur theoretisch so funktioniert, wird im nächsten Punkt noch thematisiert.

Bewertung der Schule schlecht, kann der Punkt in der Regel nicht mehr gerettet werden, gab es hingegen eine gute Note in einem Test oder einer Klassenarbeit, gibt es einen zusätzlichen Punkt.

2. Verhalten – hier wird bewertet, ob das allgemeine Verhalten des Tages in Ordnung war. Dies bezieht sich auf den Umgang mit den anderen Kindern aber auch den Betreuenden, das Verhalten während des Zusatzprogramms, also wurde sich integriert und gut mitgemacht, sowie ob sich während des Mittagessens gut benommen wurde und die anschließenden Dienste gemacht wurden. Letzte Kategorie des Plans ist 3. Soziale Interaktionsspiele – dieses Programm hat eine separate Spalte im Plan, da es gezielt das soziale Miteinander in der Gruppe fördern soll, da dort die meisten Defizite liegen. Bewertet wird danach, wie die Kommunikation miteinander war und ob sich auf Vorschläge der anderen eingelassen wurde (dies gilt besonders bei Teamspielen) und ob sich überhaupt integriert wurde oder Dinge verweigert wurden.

Der Verstärkerplan funktioniert dabei konkret so[9]: Nachdem also wie beschrieben jedes Kind kurz befragt wird und einschätzen soll, ob es einen, beziehungsweise alle Punkte verdient hat, werden diese bei Übereinstimmung mit den Betreuenden in eine dafür vorgesehene Liste eingetragen. In dieser werden die drei Punkte-Kategorien aufgeführt, wobei es für jede Kategorie zwei freie Spalten für die Punkte gibt. Immer wenn das Kind nun den fünften Punkt in einer Spalte erhält, wird dieser zu einem „besonderen" Punkt. Erhält das Kind nun zwei dieser besonderen Punkte in unterschiedlichen Kategorien, werden diese miteinander verbunden und ergeben einen einlösbaren Punkt im Wert von 50 Cent, der in ein gesondertes Heft eingetragen wird. Diese Punkte können dann auf Wunsch des Kindes gegen ein Spielzeug oder ähnliches aus der Schatzkiste, Arbeitsmaterialien[10] für die Schule oder auch besondere Dinge, wie ein Eis aus der Eisdiele oder einen Burger, der dann mit einem der Betreuenden geholt wird, eingetauscht werden. Je mehr Punkte ein Kind also hat, desto mehr Dinge kann ein Kind sich einlösen, beziehungsweise desto höher können deren Warenwert sein, was natürlich bewirkt, dass es sich richtig lohnt, möglichst viele Punkte zu sammeln und sie dann zu nutzen.

Es wird mit diesem Punktesystem also auf die Wirkung von positiv wirkenden Erziehungsmaßnahmen, wie verschiedene Belohnungen, gesetzt.

---

[9] Im Anhang finden Sie dazu eine beispielhafte Vorlage, wie dieser Plan in der Tagesgruppe Robinson aussieht. Dieser sollte zum besseren Verständnis hinzugezogen werden.
[10] Dieser Verstärker wird eher selten genutzt, da er nicht wirklich als Belohnung angesehen wird. Fehlen jedoch über längere Zeit bestimmte wichtige Materialien, wie beispielsweise ein Füller, und die Eltern schaffen es nicht diesen zu ersetzen, dann wird dieser von der TG gekauft und das Kind muss sozusagen mit seinen Punkten dafür zahlen.

3.3 Hilfe und Kontrolle in Verstärkersystemen:

Ziel dieser Maßnahme ist es, den Kindern und Jugendlichen ordnungsgemäße Verhaltensweisen aufzuzeigen und dafür deviante Verhaltensmuster nach Möglichkeit zu beseitigen. Zudem soll erlernt werden, dass trotz ihrer psychischen und seelischen Beeinträchtigungen möglich ist, den Alltag, auch nach Beendung der Maßnahme, möglichst konfliktlos zu bewältigen. Dabei soll die Anwendung der Verstärker zu Beginn der Maßnahme eine Hilfestellung sein, da die Aussicht auf eine Belohnung am Ende des Tages den nötigen Anreiz gibt, sich im Laufe des Tages zu bemühen und sich an die Anforderungen der Tagesgruppe zu halten. Dies wird als positiv-wirkende[11] Erziehungsmaßnahme angesehen, da das Kind eine positive Assoziation zu dem ausgeübten und von uns gewünschten Verhalten schließt, durch die wiederrum der Lerneffekt erzielt werden soll, der ihm sagt „Wenn ich mich in Zukunft nochmal auf diese Art und Weise benehme oder es zumindest versuche, erhalte ich wieder eine positive Reaktion der Betreuenden auf mein Verhalten – also eine Belohnung."

Die Anforderung, die es durch die Tagesgruppe zu erfüllen gibt, variieren dabei neben den allgemein geltenden Regeln je nach Kind, da jedes einen individuellen Erziehungsplan hat. In diesem Plan sind bestimmte Ziele festgelegt, die auf den Förderungsbedarf des Kindes abgestimmt sind und die im Laufe der Maßnahme erreicht werden sollen.

Von den Feinzielen abgesehen, soll die Bewertungsrunde am Abend, wie bereits kurz angeschnitten, als Reflektion dienen, damit die Kinder den Tag noch einmal revue passieren können und über bestimmte Situationen sprechen können. Hierbei soll erlernt werden vor der Peer-Gruppe aber auch im Allgemeinen über sich selbst und seine Gefühle zu sprechen. Auch das Feedback der Betreuenden soll den Kindern helfen, bestimmte Situationen noch einmal zu überdenken, es dient aber auch einfach als Lob aber auch Kritik.

Dass bei diesen positiv-wirkenden Erziehungsmaßnahmen jedoch auch negative Nebeneffekte auftreten können und dies, wie bei der Hilfe und Kontrolle im Allgemeinen, in den meisten Fällen unmittelbar miteinander verbunden ist, soll nun in Form einiger subjektiven Erfahrungen und Empfindungen, unterstützt durch wissenschaftliche Ansätze dargestellt werden.

Die Idee gemeinsam mit den Kindern den Tag zu reflektieren ist in der Theorie zwar ein guter Ansatzpunkt, in der Praxis wird dieses Ziel jedoch oftmals nebensächlich. Zwar sollen die Kinder eine Selbsteinschätzung des Tages vornehmen, in der Praxis wird

---

[11] Ursprünglich wird dies als positiv-wirkende Maßnahme betrachtet, da das Kind eine angenehme Wirkung, beziehungsweise Reaktion auf sein Verhalten erhält, die mit einer Art Erfolgserlebnis verbunden werden kann.

dieser Schritt jedoch oft ausgelassen, da das Kind sich nicht selbst einschätzen kann oder will, oftmals aber auch weil einer der Betreuenden vorgreift und für das Kind spricht. Dadurch fühlen diese sich jedoch in der Regel übergangen und die Autonomieentwicklung wird eingeschränkt, da das Kind so vom Urteil des Betreuenden gesteuert wird und nicht die Chance erhält sein Verhalten selbst zu bewerten.

Diese Hierarchie darüber wer letztlich die Entscheidungen trifft, wird auch in anderen Situationen sichtbar. Zwar gibt es die beschriebenen Kategorien, in denen die Kinder bewertet werden und auch die ungefähren Kriterien, die ich versucht habe zu beschreiben, am Ende des Tages ist es jedoch jedem Betreuenden selbst überlassen, ob er einem Kind einen Punkt geben würde oder nicht. So kommt es immer wieder vor, dass bestimmte Kinder die als besonders schwierig gelten trotz wiederholtem Fehlverhalten einen Punkt erhalten, weil es „für ihre Verhältnisse" in Ordnung lief. „In Ordnung" kann bei den Kindern der Tagesgruppe aber auch nur heißen, dass problematische Verhaltensweisen weniger aufgetreten sind als an den Tagen zuvor, dennoch kann das Kind die anderen der Gruppe beispielsweise immer wieder beleidigt oder auch provoziert haben. Bestimmte Kinder, auf die diese Ausnahmekriterien angewendet werden, neigen dann dazu, sich bei Fehlverhalten mit der Aussage zu rechtfertigen, es würde ja von ihrer „Krankheit" kommen und deshalb dürfen sie dies in einem gewissen Maße. Natürlich ist dies für die anderen Kinder frustrierend, für die kein Auge zugedrückt wird und sie sind sich durchaus bewusst, dass wir eine Kontrollinstanz und die eigentlichen Entscheidungstreffer sind, die jedoch nicht alle mit gleichen Maßstäben bewertet.

Ihr Mitspracherecht in dieser Hilfemaßnahme wird also deutlich beschränkt.

Auch die eigentliche Zielsetzung der Verstärkersysteme, deviantes Verhalten der Kinder langfristig zu beseitigen, wird meiner Meinung nach weitläufig verfehlt.

Was die Maßnahme viel eher anstrebt, ist die „Erschaffung" des idealen Kindes, welches möglichst angepasst an die gesellschaftlichen Normanforderungen handelt, und stets lernwillig und gehorsam ist. Entspricht das Verhalten des Kindes an diesem Tag nun also diesem angestrebten Ideal, wird ein Verstärker angewendet.

Dabei wird jedoch nur der gewünschte Soll-Zustand des Kindes beachtet, ohne auf den tatsächlichen Ist-Zustand einzugehen. Den Ist-Zustand zu hinterfragen wäre jedoch erforderlich, um zu verstehen, woher bestimmte Verhaltens-, beziehungsweise Bewältigungsmuster stammen und was dagegen unternommen werden kann, um zu helfen (vgl. Magyar-Haas, 2015, S. 54, vgl. nach Gaßmöller, 2019, S. 291).

Sie werden in diesem Fall also nicht als autonome Subjekte, mit individuellen Gefühlen und Empfindungen beachtet, die ihr Verhalten beispielsweise als Schutzmechanismus auf eine bestimmte Situation anwenden, sondern viel eher als formbare Objekte der

Sozialen Arbeit, die nach den Vorstellungen der Tagesgruppe angepasst werden können. Dabei finde ich die Umschreibung von Lutz und Kunstreich sehr treffend, die Kinder und Jugendliche in solchen Maßnahmen als sogenannte „Erziehungsobjekte" beschreiben (zit. Kunstreich/ Lutz, 2015, S. 25, vgl. nach Gaßmöller, 2019, S. 292).

Verstärkerpläne behandeln somit nicht den eigentlichen psychologischen Ausgangspunkt des devianten Verhaltens, sondern nur die daraus resultierenden Symptome, die in der Praxis sichtbar werden und die ich eventuell abändern kann.

Problem dieser Symptombehandlung ist es, dass dadurch in den meisten Fällen nur vorübergehend eine Verhaltenskorrektur besteht, jedoch kein nachhaltiger Lerneffekt hergestellt wird und somit auch keine tatsächliche Personenänderung erzielt wird (vgl. Kunstreich/ Lutz, 2015, S. 25, vgl. Gaßmöller, 2019, S. 291).

In der Praxis konnte ich regelmäßig diesen Effekt der kurzfristigen Anpassung des Verhaltens sehen, die teilweise wirklich nur auf die Aufenthaltsdauer der Tagesgruppe begrenzt war. Ein Darstellungsbeispiel dafür waren die regelmäßigen Anrufe einer Mutter. Dies erzählte uns dann immer wieder, dass (obwohl das Kind bei uns beide Punkte erhalten hatte) das Verhalten ihres Sohnes zu Hause komplett gekippt wäre und dieser überhaupt nicht auf sie reagieren würde und genau die unerwünschten Verhaltensmuster zeigen würde, die er bei uns im Griff habe.

Für mich deutet dies auch auf eine gewisse Erwartungshaltung der Kinder durch die Kontrollmaßnahme der Bewertung hin. Übermäßige Belohnungen sind nun mal nicht zweckmäßig für die angedachte Unterstützung der Persönlichkeitsentwicklung, da damit eine gewisse Abhängigkeit zu den Betreuenden hergestellt wird. Das Kind handelt somit nach einer Zeit nicht mehr der Sache willen[12], da es die „richtigen" Verhaltensweisen akzeptiert, sondern nur noch der Belohnung oder der Anerkennung des Betreuers willen. Ist also kein Betreuender anwesend, der das Verhalten kontrollieren und bewerten kann, dann gibt es auch keinen Grund dieses auszuüben.

Zusammenfassend wird also von den Kindern erwartet, dass sie während der Tagesgruppenzeit ihre äußerlichen Umstände ausblenden oder zumindest in den Hintergrund verlagern, um in dieser Zeit angepasst zu funktionieren, um danach wieder in eben diese prekären Lebensverhältnisse zurückzukehren, ohne etwas wirklich mitgenommen zu haben.

Die verinnerlichten Tiefenstrukturen der Kinder finden also nur in Maßen Beachtung durch die Tagesgruppe.

---

[12]Der „Sache willen" bedeutet in diesem Kontext, dass das Kind nicht mehr handelt, weil es von sich aus ein anderes Verhalten anstrebt oder weiß, dass diese Verhaltensart die angebrachte ist.

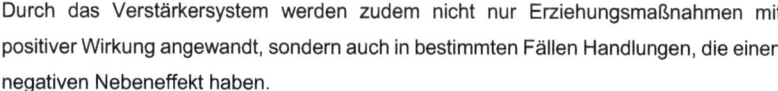

Durch das Verstärkersystem werden zudem nicht nur Erziehungsmaßnahmen mit positiver Wirkung angewandt, sondern auch in bestimmten Fällen Handlungen, die einen negativen Nebeneffekt haben.

Diese unterscheiden sich insofern, dass durch sie nicht das auftretende erwünschte Verhalten positiv verstärkt wird, sondern bei auftretendem unerwünschtem Verhalten eine Maßnahme mit negativer Auswirkung aufs Kind ausgeübt wird.

Hat beispielsweise ein Kind die freie Spielzeit dazu genutzt, um bestimmte andere Kinder aus einem Spiel auszugrenzen oder hat diese dabei dauerhaft provoziert, erhält es am Abend die Strafsanktion, dass es am Folgetag bestimmte Privilegien verliert. Konkret heißt dies also, dass dem Kind an diesem Tag verwehrt wird, bestimmte Spiele zu spielen oder es während der freien Spielzeit an einen der Betreuenden gebunden wird und nur in dessen Anwesenheit mit anderen spielen darf. Der Lerneffekt ist dabei eher gering, so wird zwar gezeigt, dass ein bestimmtes Verhalten unerwünscht ist und es dafür keinen Punkt am Abend gibt, das eigentliche Fehlverhalten wird jedoch erst nachträglich sanktioniert, wodurch kein wirklicher Lerneffekt von Aktion-Reaktion erfolgen kann. Ich helfe also nicht dabei, beim nächsten Mal das Benehmen zu korrigieren, sondern unterstelle das Kind nur meiner momentanen Kontrolle, ohne nachhaltig etwas zu ändern.

Eine weitere Sanktion, die immer wieder auftritt, ist die des sogenannten „Liebesentzugs", beziehungsweise der Verwehrung der Aufmerksamkeit. Diese gilt ebenfalls als Reaktion auf aufgetretenes Fehlverhalten, wird aber meistens unmittelbar nach diesem ausgeführt. Hat das Kind beispielsweise etwas getan, für das ich es ermahnt oder getadelt habe und dieses möchte sich daraufhin rechtfertigen oder möchte kurz danach, dass ich etwas für es tue, dann wird ihm das verwehrt, indem es ignoriert wird und sich auf ein anderes Kind konzentriert wird oder ihm wird direkt mitgeteilt, dass es sein Verhalten erst mal überdenken solle, bevor es dann Forderungen stelle.

Resultierend daraus ergibt sich oftmals eine gewisse Resignation der betreffenden Kinder. Oftmals wird ihnen von Betreuenden vermittelt, dass sie ihren Punkt vergessen können, wenn sie sich weiterhin so benehmen, wodurch das Fehlverhalten ebenfalls nur unterdrückt werden soll, anstatt tatsächlich angegangen. Mit dieser Perspektive, sowieso nur einen Punkt zu erhalten, reagieren die Kinder dann aber entgegengesetzt der Erwartung und verstärken ihr Fehlverhalten[13] sogar.

---

[13] Mögliche Reaktionen können beispielsweise Wut sein, in der das Kind beleidigend gegenüber den Betreuenden als Entscheider oder auch den anderen Kindern, die ihre Punkte erhalten (haben) wird. Aber auch Trotz und Entmutigung können auftreten, durch die die Kinder sehr passiv werden und sich aus allen folgenden Maßnahmen/ Aktionen entziehen und verweigern.

Begründet wird dies dann mit der Aussage: „Ich bekomme ja sowieso keinen Punkt in der Hausaufgabenzeit/ Spielzeit, dann ist der Rest auch egal und ich muss mich nicht mehr anstrengen."

In den negativen Erziehungsmaßnahmen wird also ebenfalls deutlich, wie widersprüchlich eine eigentliche Hilfemaßnahme sich auswirken kann und dass die Ausübung der Zielsetzung in der Theorie und der Praxis deutlich auseinander gehen kann.

4 Den Widerspruch verstehen:

Folgender Teil beschäftigt sich mit der Frage, was diesen Widerspruch eigentlich im Kern ausmacht und wieso dieser ein beständiger Teil der Sozialen Arbeit ist.

Die Soziale Arbeit greift, wie zu Beginn der Ausarbeitung bereits beschrieben, mit ihrem sozialstaatlich-erteiltem Auftrag in die subjektiven Lebensverhältnisse ihrer zugeteilten Adressaten ein. Damit werden Hilfe und Kontrolle unmittelbar in einem Verwaltungsverfahren zusammengefügt, das in der Jugendhilfe und deren rechtlichen Grundlagen festgelegt ist (vgl. Dahme/ Wohlfahrt, 2018, S. 223).

Dieses Verfahren ergibt sich daraus, dass der primäre Auftrag der Jugendhilfe, also die Wiederherstellung der Erziehungsfähigkeit zwar auf der Handlungsebene als gezielte Hilfemaßnahme gedacht ist, auf der Strukturebene jedoch nur durch Kontrollmaßnahmen umsetzbar ist, um die Zusammenarbeit mit den Eltern herzustellen und zu gewährleisten (vgl. Müller, 2001, S.34f.).

Der sozialarbeiterische Auftrag der Handlungsebene sagt beispielsweise, dass den Adressaten rechtzeitig und bedingt auch frühzeitig geholfen werden soll, damit deren Lebensumstände gesichert werden und möglichst wenig Schaden annimmt. Auf dieser Basis muss daher unmittelbar in deren Lebensraum eingetreten werden, um zu helfen. Auf der strukturellen Ebene wird jedoch vor frühzeitigen Eingriffen gewarnt. Es soll sich möglichst wenig eingemischt werden und im Idealfall erst dann eingeschritten werden, wenn die Eltern ihren erzieherischen Auftrag bereits gefährden. Dies bedeutet, dass das Wohl des Kindes bereits aktiv durch die Handlungen der Eltern beschädigt werden muss, damit im Fall einer Kindeswohlgefährdung die nötigen Voraussetzungen erfüllt wurden, um einzuschreiten aber auch damit allgemein die Überwachung durch das Jugendamt berechtigt ist (vgl. Dahme/ Wohlfahrt, 2018, S. 223).

Im Grunde soll die Soziale Arbeit in der Kinder- und Jugendhilfe also dafür sorgen, dass die Problementwicklung der Klienten korrekt eingeschätzt und basierend darauf strukturiert wird, indem ich die weiterführende Entwicklung durch meine Entscheidungen beeinflusse, gleichzeitig soll aber auch die Durchsetzung der Hilfe zur Selbsthilfe beachtet werden, indem ich meine Klienten dazu animiere ihre eigenen Handlungskräfte zu aktivieren (vgl. Schütze, 1992, S. 150).

Es ist also bereits der sozialstaatliche Auftrag an die Soziale Arbeit mit Widersprüchen belegt, die jedoch nicht trennbar sind.

Weiterhin zu hinterfragen ist es, inwiefern unser sozialarbeiterischer Auftrag dabei mit dem Auftrag und den Interessen der eigentlichen Adressaten übereinstimmt und wie mit abweichenden Zielen umgegangen wird.

4.1 Übereinstimmung, beziehungsweise Abweichung der Interessen:

In vielen Bereichen stimmt unser Auftrag mit den Interessen der Eltern aber auch der Kinder überein, dies ist jedoch nicht die Regel und bedarf daher eine ständige Arbeit an der Elternarbeit aber auch im Umgang mit den Kindern selbst, um eine Vertrauensbasis aufzubauen, durch die offen über Wünsche und Ziele kommuniziert werden kann.

Interessen der Eltern:

Der Großteil der Eltern ist nach eigenen Aussagen mit der grundlegenden Erziehung und dem gerechten Umgang mit den Verhaltensauffälligkeiten ihrer Kinder überfordert[14]. Aus diesem Grund kommt ihnen eine Ganztagesbetreuung durch die Schule und anschließend uns sehr recht. Besonders da viele der Eltern selbst unter psychischen oder seelischen Beeinträchtigungen leiden oder alleinerziehende Eltern sind, stellt die Betreuung durch uns eine enorme Entlastung dar, die ihnen den Alltag erleichtert[15]. Und auch die schulische Förderung, die wir leisten, wird als Hilfe angesehen und liegt somit im Interesse der Eltern, da diese oft selbst überfordert sind ihrem Kind die Lerninhalte zu vermitteln oder auch unter einer Leserechtschreibschwäche leiden.

Aber natürlich auch die tiefer gehenden Interessen, wie die Weiterführung der Regelschule, sowie des Sorgerechts stimmen bei beiden Parteien überein.

Abweichungen und somit auch Konfliktpunkt bestehen dagegen bei der medikamentösen Einstellung, sowie deren Vergabe ihrer Kinder. Einige der Eltern stehen deren Wirkung kritisch gegenüber und wünschen sich, dass die Dosis verringert wird oder die Medikamente bestenfalls komplett eingestellt werden und ihre Kinder auch ohne diese zurechtkommen.

Dieser Punkt ist jedoch seitens der Tagesgruppe nicht gewollt, da die Medikamente als Eindämmung der Verhaltensauffälligkeiten angesehen werden und davon abgesehen von unserer Seite aus nicht abänderbar ist. Die Erstellung der Medikamentenverordnung und die Dosierung werden primär von außenstehenden Psychologen gehandhabt. Zwar

---

[14] Dies geben die Eltern in der Regel erst nach einiger Zeit zu, wenn sie Vertrauen in die Tagesgruppe und deren Mitarbeiter*innen gefunden haben. Dann sind sie zumindest in kleinen Schritten bereit dazu, über solche Probleme zu sprechen.
[15] Ebenfalls erwähnenswert ist es hierbei, dass ein Großteil der Kinder Geschwister hat, die ebenfalls in Tagesgruppen aber auch in stationären Wohnheimen des gleichen Trägers untergebracht sind.

kann dieser seine Empfehlungen mit denen des einrichtungsinternen psychologischen Dienstes abstimmen, letztlich ist der eigenständige Psychologe aber der, der die Medikamente verschreibt. Die Tagesgruppe dokumentiert zwar Empfindungen, wie das Kind sich dann mit diesen Medikamenten verhält und welche Beobachtungen gemacht werden können, ansonsten dient sie jedoch eher als Kontrollinstanz der ordnungsgemäßen Einnahme. Wird also bemerkt, dass die Medikamente an einem Tag nicht genommen wurden, muss direkt das Kind darauf angesprochen werden, ob es vergessen wurde oder absichtlich nicht eingenommen wurde. Bei wiederholter Nichteinnahme werden dann in der Regel die Eltern darauf angesprochen, um einzuschätzen, woran es liegt. Auch die Regelmäßigkeit der Medikamenteneinnahme muss dann wieder dokumentiert werden, was auch an das zuständige Jugendamt weitergeleitetet werden muss.

Interessen der Kinder:

Was die Interessen der Kinder und Jugendlichen betrifft, sind diese recht unterschiedlich verteilt, wobei das Verhältnis etwa hälftig ist. Manche Kinder äußern immer wieder, dass sie eigentlich recht glücklich darüber sind, in die Tagesgruppe zu gehen und sich durchaus bewusst sind, dass wir eigentlich als Hilfe für sie gedacht sind, besonders was die schulischen Aspekte betrifft. Außerdem sind sie recht froh darüber, die Aufmerksamkeit und Zuwendung der Betreuenden aber auch der anderen Kinder zu erhalten, da dies zu Hause nicht immer der Fall ist.

Andere Kinder sehen uns hingegen als klare Kontrollinstanz ihres Lebens und haben zumindest teilweise andere Interessen, die nichts mit unserem Auftrag zu tun haben.

Was für die Eltern eine Entlastung darstellt, stellt für die Kinder oftmals eine Belastung dar, so spielt der Aspekt der eingeschränkten Freizeit immer wieder eine Rolle. Meiner Meinung nach ist dies auch durchaus verständlich, so verlassen die Kinder unter der Woche kurz vor 8 Uhr das Haus, um zur Schule zu gehen, kommen danach direkt in die Tagesgruppe und sind dann erst gegen circa 17:30 Uhr daheim. Zudem organisiert die Tagesgruppe für bestimmte Kinder noch weitere außerschulische Aktivitäten, wie beispielsweise verschiedene Sportvereine oder auch die Pfadfinder. Dies lässt ihnen unter der Woche aber auch am Wochenende nicht viel Zeit für andere Dinge, wie Familienzeit, Treffen mit Freunden oder auch einfach mal Zeit, um sich allein zu beschäftigen, was eben auch ein wichtiger Teil der Persönlichkeitsentwicklung darstellt. Die Gebundenheit an unsere Zeiten und Strukturen ist also nicht unbedingt im Interesse der Kinder.

Und auch die Tatsache, dass immer einer der Betreuenden bestimmte Entscheidungen „absegnen" muss, wird oftmals von bestimmten Kindern als lästig empfunden, da in den meisten Fällen die Kinder die Entscheider der Familie sind und dies eben neu für sie ist.

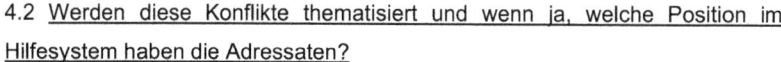

4.2 Werden diese Konflikte thematisiert und wenn ja, welche Position im Hilfesystem haben die Adressaten?

Die kollidierenden Interessen der Adressaten zu unserem Auftrag, besonders hinsichtlich der Freizeit, werden immer wieder mit den betreffenden Familien thematisiert. Im Gegensatz zu der Thematik der Medikamentenvergabe können dort zumindest versucht werden, gemeinsame Kompromisse zu finden, mit denen alle Beteiligten zufrieden sind. Folgend sollen hierfür noch einmal zwei Beispiele eingebracht werden:

1. Der in der Einleitung bereits erklärte ¾ Platz der Tagesgruppe Robinson ist einer dieser Kompromisse. Die Mutter hatte gemeinsam mit dem Kind festgestellt, dass die mangelnde Freizeit ein Problem für sie wäre. Aus diesem Grund wurde zusammen mit dem Jugendamt entschieden, dass diese dafür einmal wöchentlich einen freien Tag bekomme, wenn sie dafür an den anderen Tagen regelmäßig erscheint.

2. Im zweiten Fall ist es vom Kind selbst abhängig, wie viele Freiheiten es erhält. Bei Bedarf spricht das Kind zu Hause an, dass es an einem bestimmten Tag gerne früher abgeholt werden möchte oder in besonderen Ausnahmen auch mal einen kompletten Tag daheimbleiben dürfe. Dieser Wunsch wird dann von der Mutter bei uns angesprochen und eine Vereinbarung getroffen, nach der das Kind sich eine bestimmte Anzahl von Tagen gut in der Tagesgruppe, sowie zu Hause verhalten muss. Hier wird also wieder ein Verstärker angewendet, nachdem das Kind erst ein bestimmtes Verhalten ausüben muss, um sich seine Freizeit zu verdienen.

Aber auch im allgemeineren Bereich wird zumindest versucht die Interessen und Wünsche der Adressaten herauszufinden und diese zu berücksichtigen. Dazu wird die sogenannte Vorab-Info zum anschließenden Hilfeplangespräch und natürlich das Gespräch selbst genutzt. In der Vorab-Info werden die Kinder zu ihrer Selbst-einschätzung bezüglich Stärken und Verbesserungswünschen befragt. Kategorien für diesen Einschätzungsbogen sind in diesem Fall: 1. Soziales Lernen, 2. Schulische Förderung, 3. Einbeziehung der Eltern in die Maßnahme und 4. Bei Bedarf zusätzliche Kategorien. Während dem tatsächlichen Hilfeplangespräch werden dann die Aussagen der Kinder, sowie die Einschätzung der Tagesgruppe den Eltern präsentiert, um im Anschluss auch deren Wünsche und Ziele zu erfragen und zu sehen, wo diese mit unseren Zielen übereinstimmen oder auch abweichen.

Aus dem Ergebnis wird dann die gemeinsame Zielvereinbarung für den Erziehungsplan festgelegt, damit die grundlegenden Interessen der betroffenen Parteien übereinstimmen[16]. Die Eltern aber auch die Kinder sollen sich dadurch nicht als Objekte der Hilfemaßnahme sehen, die dessen Vorgaben und Richtlinien ausgesetzt sind, sondern als Subjekte ihrer eigenen Lebensführung, die sie mitgestalten und entwickeln können.

Der größte Faktor, an dem die Adressaten jedoch kein Mitspracherecht haben, ist wohl wie bei vielen sozialarbeiterischen Maßnahmen der, dass an der allgemeinen Einbindung im Hilfesystem, in diesem Fall also an der Durchführung einer Tages-gruppen-Maßnahme nichts geändert werden kann. Dies ist nun mal eine rechtlich vorgeschriebene Maßnahme des Jugendamtes, die die Eltern zur Teilnahme verpflichtet, wenn diese nicht zur finanziellen oder auch rechtlichen Verantwortung gezogen werden wollen (vgl. Dahme/ Wohlfahrt, 2019, S. 223).

---

[16] Es wird also hier durchaus Wert daraufgelegt, den Fall nicht zu standardisieren, um den Fall des Subjekts nicht zu verzerren (vgl. Oevermann, 2009, S. 116f.). Während das Subjekt also bei den Verstärkerplänen in den Hintergrund rückt, wird es hier bei den Hilfeplänen wieder in den Vordergrund gestellt.

5 Fazit des Praxissemesters:

In diesem abschließenden Teil werde ich das vergangene praktische Semester noch einmal reflektieren und abschließende Gedanken zu meiner thematisierten Problemdarstellung erläutern. Zu Beginn meines Praktikumsberichts habe ich die Frage aufgegriffen, in welchem Maße Hilfe und Kontrolle in Maßnahmen der Jugendhilfe miteinander verbunden sind und ob man diese voneinander trennen kann. Durch die Darstellung und Erklärung der angewandten Verstärkerpläne, sollte dabei der Zusammenhang zu helfenden und gleichermaßen kontrollierenden Maßnahmen hergestellt werden, die in der Jugendhilfe als notwendiger Faktor zur Erziehung.

Da ich bereits vor dem Studium immer wieder in Tätigkeitsfeldern der Kinder- und Jugendhilfe tätig war, hatte ich bereits vor dem Praxissemester regelmäßig mit positiv, - aber auch negativ- wirkenden Erziehungsmaßnahmen Kontakt. Diese wurden dabei in sämtlichen Institutionen angewandt, in denen ich Erfahrungen gemacht habe, weshalb ich bereits die Erwartung hatte, dass dies auch in dieser Tagesgruppe der Fall wäre. Dennoch überraschte mich das hohe Ausmaß, in dem besonders die verschiedenen Verstärker angewendet wurden, da diese in der Theorie oftmals als kritisch betrachtet werden, da sie wie bereits erklärt nicht übermäßig angewendet werden sollten. Durch das Praxissemester konnte ich nun noch einmal die Theorie mit der Praxis abgleichen und auch wenn diese oftmals deutlich voneinander unterscheiden, war dies hier meiner Meinung nach anders.

Zwar verstehe ich, dass gelegentliche Belohnungen bei Kindern und Jugendlichen hilfreich dabei sind, diese zu etwas zu motivieren und sie bei gewünschtem Verhalten zu bestärken, jedoch erscheint es mir wenig sinnvoll dabei nur auf klassische Belohnungen in Form von Süßigkeiten oder Spielzeugen zu setzen und dabei Erziehungsmaßnahmen wie Lob und Ermutigungen dafür zu vernachlässigen. Besonders da unsere Klientel zu Hause nur wenig Lob für ihre Handlungen erhalten und nicht wirklich ermutigt werden, neue Dinge zu versuchen oder zu wiederholen, wenn es beim ersten Mal nicht funktioniert hat, finde ich es für die Persönlichkeitsentwicklung und die Entwicklung des Selbstbewusstseins schade, dass dies nicht aufgegriffen wird. Außerdem rückt für mich der helfende Aspekt der Verstärker in den Hintergrund, der unterstützen soll, von sich aus die ordnungsgemäßen Verhaltensweisen zu lernen und stellt eher die kontrollierenden Aspekt in den Vordergrund, da ich lediglich die Handlungen der Kinder bewerte und über diese Urteile.

Auch was die im 3. Punkt beschriebenen Ausnahmekriterien für bestimmte Kinder betrifft, hatte ich oftmals Probleme. Für mich unterstrichen diese den Aspekt, dass keine wirkliche Persönlichkeitsveränderung vorangetrieben wird und der Lerneffekt somit entfällt. Als Praktikantin tat ich mir besonders damit schwer, da ich in diesen Situationen unsicher war, ob ich in meiner Position etwas gegen die Aussage der anderen Betreuenden sagen darf oder dies unerwünscht ist.

Am meisten beschäftigt hat mich jedoch die allgemeine Balance zwischen Hilfe und Kontrolle, besonders im Bezug darauf, wann eine Intervention zu früh oder auch zu spät ist. Gerade als jemand der verhältnismäßig neu im Praxisfeld ist, fand ich es mit unserer Klientel recht schwierig einzuschätzen, ob es bei bestimmten Aussagen der Kinder sinnvoll[17] ist, bestimmte Situationen noch abzuwarten und deren Problem-entwicklung zu beobachten oder doch eine direkte Intervention nötig ist, durch die die Eltern miteinbezogen werden müssen. Dadurch habe ich festgestellt, dass ich oft dazu geneigt war präventiv zu handeln und den Kindern umgehend Lösungsvorschläge anzubieten, wie man einer Problemeskalation entgegenwirken kann, während die Einrichtung eher darauf bedacht war abzuwarten, um einen rechtlichen Tatverdacht zu unterstützen. Zudem stellte es in diesen Situationen ein Problem dar, dass dieser Eingriff zwar eine Hilfemaßnahme für das Kind sein würde, jedoch eine Kontrolle der Eltern hervorrufen würde und die Elternarbeit gefährden würde.

In der Rolle der Praktikantin fühlte ich mich daher immer etwas hilflos, wenn Kinder sich mir anvertrauten und über schwierige Situationen mit mir sprachen und dann aber nichts unternommen werden konnte, als ich dies bei den Kollegen ansprach. Es blieb also immer das ungute Gefühl, nicht ausreichend zu handeln und meinem Auftrag nicht ausreichend nachzugehen.

Dies ist also durchaus ein Vorgehen, mit dem ich mich noch näher beschäftigen muss und das vermutlich mehr Praxiserfahrung benötigt, um damit korrekt umzugehen.

Abschließend ist jedoch festzuhalten, dass ich meiner Meinung nach viele nützliche Erfahrungen während des Praxissemesters sammeln konnte, die mich durchaus in der Entwicklung meiner beruflichen Identität weitergetrieben haben.

Für mich hat sich zudem die Idee weiter gefestigt, dass ich nach dem Studium in der Kinder- und Jugendhilfe tätig werden möchte und dabei durchaus die Arbeit mit sogenannten Multi-Problem-Familien in Betracht ziehen würde, auch wenn dies nicht unbedingt in einer Tagesgruppe sein muss.

---

[17] Dabei handelte es sich in der Regel um Aussagen, die den Gesundheitszustand der Eltern betrafen (Veränderungen oder Verschlechterungen, die die Kinder zwar nicht direkt äußerten, aber in alltäglichen Äußerungen beschrieben) aber auch vereinzelt um konkrete Konflikte in der Familie, die eine Kindeswohlgefährdung umschrieben.

BEI GRIN MACHT SICH IHR WISSEN BEZAHLT

- Wir veröffentlichen Ihre Hausarbeit,
  Bachelor- und Masterarbeit

- Ihr eigenes eBook und Buch -
  weltweit in allen wichtigen Shops

- Verdienen Sie an jedem Verkauf

Jetzt bei www.GRIN.com hochladen und kostenlos publizieren